Il était une fois...
Marcel-François Richard

De la même auteure :

Fabien, Tracadie-Sheila, La Grande Marée, 2005, 49 p.

La princesse obèse, Tracadie-Sheila, La Grande Marée, 2003, 45 p.

Artémise Blanchard

Il était une fois...
Marcel-François Richard

Illustrations
Réjean Roy

La Grande Marée

L'éditeur désire remercier le Conseil des Arts du Canada et la Direction des arts du Nouveau-Brunswick pour leur contribution financière à la réalisation de cet ouvrage.

Révision :
Réjean Ouellette

Graphisme et conseil à l'édition :
Raymond Thériault

Distribution :
Prologue inc.
1650, boul. Lionel-Bertrand, Boisbriand, QC J7H 1N7

ISBN 978-2-349-72242-3

© Éditions La Grande Marée ltée, 2006
C.P. 3126, succ. bureau principal
Tracadie-Sheila (Nouveau-Brunswick) E1X 1G5 Canada
Téléphone : 1-506-395-9436
Courriel : jouellet@nbnet.nb.ca
Site Web : www.lagrandemaree.ca

Dépôt légal : 2e trimestre 2006, BNC, BNQ, CÉA

Préface

Bonjour,

Aujourd'hui, je veux te faire connaître un personnage très important : Marcel-François Richard... Pour **reconstituer** les événements de sa vie, j'ai consulté plusieurs ouvrages dont, *Une étoile s'est levée en Acadie*, du père Camille-Antonio Doucet. Ce livre m'a été du plus grand secours.

Pourquoi Marcel-François Richard est-il si important ? Eh bien ! je vais te le dire tout de suite. C'est qu'il a contribué, de façon exceptionnelle, à changer le **cours** de l'histoire de l'Acadie, notre histoire. Par sa foi en Dieu, sa vigueur, sa **persévérance** et son courage à toute épreuve, ce **pionnier** infatigable nous a laissé, à toi et à moi et à tous les Acadiens et Acadiennes, une **patrie** bien vivante, une patrie **déterminée** à survivre **envers et contre tout**.

En changeant le cours de notre histoire, notre héros nous a enseigné la **ténacité** dans l'épreuve, la fierté de nos racines françaises et catholiques, le goût de porter bien haut le flambeau de la liberté.

Après avoir lu cette courte **biographie** de Marcel-François Richard, tu comprendras pourquoi il a été surnommé, avec raison, « le Père de l'Acadie ». Tu en sauras aussi un peu plus sur la vie de nos ancêtres après le Grand Dérangement de 1755.

Il y a dans le texte des mots écrits en **caractères gras**. Tu trouveras leur explication dans le petit **glossaire** à la fin du livre. N'oublie pas les questions placées juste après le glossaire. Elles sont là pour t'aider à te souvenir de l'histoire ou à mieux la comprendre.

Bonne lecture !

Artémise Blanchard

En reconnaissance à feue Sœur Adèle Hachey, de la Congrégation de Notre-Dame. Cette femme extraordinaire a été mon enseignante de première et de deuxième année. C'est elle qui, la première, m'a parlé de Mgr Marcel-François Richard et de ses grandes réalisations. Ce faisant, elle a semé en moi un germe de patriotisme. Je l'en remercie.

Marcel-François Richard naît le 9 avril 1847 à Saint-Louis de Kent. Il est le plus jeune d'une famille acadienne de 10 enfants. Ses parents accueillent sa venue avec joie. À cette époque, les familles acadiennes sont nombreuses. Il est tout à fait courant qu'elles comptent 10, 12 et même 15 enfants.

Comme tous les petits garçons de son âge, Marcel-François aime beaucoup s'amuser, mais ses parents sont pauvres et les jouets se font rares à la maison. Peu importe ! Marcel-François joue avec ses frères et sœurs. Enjoués et **créatifs**, les enfants Richard inventent toutes sortes de jeux très amusants. Ils ont du plaisir et sont heureux !

Rendu à l'âge scolaire, Marcel-François fait son entrée à l'école du village. Il a sept ans et les yeux clairs. L'école du village est petite. C'est une école à classe unique chauffée à l'aide d'un poêle à bois installé au beau milieu de la pièce. Il n'y a qu'un seul enseignant pour tous les niveaux. Mais les villageois de Saint-Louis sont contents de leur école, si humble soit-elle, car beaucoup de villages voisins sont encore sans école et les enfants de ces localités ne peuvent pas apprendre à lire, à écrire et à calculer.

Avec ses copains de classe, Marcel-François apprend les lettres, les chiffres, les formes, les couleurs. Doué d'une grande facilité d'apprentissage, il est émerveillé devant toutes ces nouvelles choses qu'il découvre.

Sur une plaque d'**ardoise**, Marcel-François trace ses premières lettres dans sa langue maternelle, le français. Puis il les efface avec sa manche et recommence, recommence... C'est un petit garçon à la fois tenace et **avide** de savoir. Il ne sera plus jamais dans l'**ignorance**, ni lui ni les siens.

À 14 ans, Marcel-François a appris à peu près tout ce qui est enseigné à la petite école de Saint-Louis. Comme ses résultats scolaires sont plus que satisfaisants, ses parents décident de lui faire poursuivre ses études. Mais il y a un problème : il n'existe aucun **collège** de langue française au Nouveau-Brunswick en 1861. Marcel-François devra s'**exiler** dans une autre province, mais laquelle ?

Il y a bien la province de Québec, mais c'est loin et tellement difficile de s'y rendre ! À cette époque, il n'y a ni voitures, ni avions. On se déplace surtout à cheval, mais aussi en train et en bateau, selon la distance à parcourir et la destination à atteindre. Finalement, le choix s'arrête sur St. Dunstan's, à l'Île-du-Prince-Édouard, un collège-**pensionnat** pour garçons. C'est plus près de Saint-Louis, et Marcel-François pourra peut-être visiter sa famille plus souvent. Par contre, il devra étudier en anglais.

D'une intelligence remarquable, Marcel-François poursuit donc ses études à St. Dunstan's pendant six ans. Reconnu pour sa grande bonté et son esprit de justice, il se fait beaucoup d'amis. À sa sortie du collège, il maîtrise parfaitement la langue anglaise. Cet atout lui sera très précieux tout au long de sa vie pour défendre les droits et les **revendications** de ses **compatriotes** acadiens.

Pendant ses dernières années au collège, Marcel-François se met à penser très sérieusement à son avenir. « Qu'est-ce que je vais faire de ma vie, se demande-t-il, commerçant, enseignant, avocat, médecin, prêtre? » Il lui faut faire un choix. Marcel-François est beaucoup plus instruit que la plupart des jeunes Acadiens de son âge. Il veut que toutes ses connaissances et ses capacités puissent profiter aux autres.

Après avoir beaucoup réfléchi, Marcel-François se dit : « Je serai prêtre et **patriote**. Ainsi, je servirai Dieu et les miens! » Son choix de vie étant fait, il se dirige vers le grand **séminaire** de Montréal. Il a 20 ans ; il est dans la force de l'âge. Pendant trois ans, il étudie très fort en vue de recevoir le **sacerdoce**…

Le 31 juillet 1870, Marcel-François réalise son rêve de devenir prêtre. Il a 23 ans. Mesurant 1,80 m et robuste comme ses ancêtres acadiens, il ne ménagera pas ses efforts pour être à la hauteur de la voie qu'il a choisie, c'est-à-dire le **dévouement**. Désormais, on l'appellera le père Marcel-François Richard.

C'est d'abord dans son village natal de Saint-Louis que le père Richard est appelé à exercer son **ministère**. Après avoir célébré sa première messe, il s'attelle avec zèle à sa nouvelle tâche de **vicaire**, secondant son **curé**, l'abbé Hugh McGuirk, dans son travail **pastoral**. Mais le curé McGuirk devient très malade et son évêque, Mgr Rogers, lui ordonne de prendre du repos. C'est ainsi que, très tôt, le père Richard devient curé et donc administrateur de la **paroisse** de Saint-Louis.

À Saint-Louis, parmi les siens, le père Richard dirige les travaux de construction de sa première église, qu'il veut grande, belle et accueillante, à l'image de son Dieu et de son peuple. L'église est construite sur la colline dominant la rivière Kouchibouguasis. On l'aperçoit de loin avec son clocher blanc et sa croix noire. Elle possède de beaux vitraux et son **jubé**, qui s'étend sur trois côtés, est très apprécié par certains paroissiens.

L'administration de la paroisse de Saint-Louis n'est pas de tout repos, car plusieurs **missions** dépendent de la paroisse, comme celles de Richibouctou, Saint-Charles, Carleton (maintenant Rogersville), Big Cove (maintenant Elsipogtog) et Sainte-Marguerite, pour n'en nommer que quelques-unes. Toutes ces missions sont loin de Saint-Louis. Pour s'y rendre, le père Richard doit emprunter des routes de terre et se déplacer en calèche. Ces voyages exigent beaucoup de temps et d'énergie de la part du curé.

Comme le font tous les prêtres, le père Richard célèbre la messe, administre les **sacrements**, visite ses paroissiens et se rend au **chevet** des malades. Hiver comme été, beau temps mauvais temps, on le retrouve là où son devoir de prêtre l'appelle. Les longs déplacements qu'il doit faire pour exercer son ministère sont souvent très difficiles, surtout en hiver, mais rien ne l'arrête. C'est un homme courageux et convaincu que son travail est nécessaire.

En plus de ses devoirs **sacerdotaux**, les tâches à accomplir sont énormes et multiples. Il y a des églises à construire, des écoles à ouvrir, des **défricheurs** à aider, de la grosse misère à soulager. Les paroissiens et les paroissiennes du père Richard sont pauvres et illettrés. Le père Richard est déterminé à leur venir en aide de toutes les façons possibles. L'instruction de la jeunesse acadienne lui semble un très bon point de départ.

Afin d'offrir aux jeunes filles de sa paroisse et des environs une éducation de qualité dans leur langue maternelle, le père Marcel-François Richard fait appel aux services d'une communauté de religieuses enseignantes, les Sœurs de la Congrégation de Notre-Dame de Montréal. Trois religieuses arrivent à Saint-Louis en août 1874. Quelques années plus tard, le père Richard voit à la construction d'un **couvent**-pensionnat dirigé par ces religieuses.

Si pour le père Marcel-François l'éducation des jeunes filles est importante, celle des garçons ne l'est pas moins. C'est pourquoi il entreprend des démarches afin d'ouvrir à Saint-Louis un collège-pensionnat. C'est un gros projet. Dès le début, les choses sont difficiles, mais malgré tout, un nombre assez impressionnant d'Acadiens et d'Irlandais s'inscrivent pour y suivre des cours. Malheureusement, il s'avère trop difficile d'offrir un enseignement de qualité à la fois en français et en anglais, et le père Richard se voit dans l'obligation de fermer son collège après neuf ans d'existence. C'est pour lui une profonde déception.

Aujourd'hui, à Saint-Louis, une grande croix blanche érigée en 1940 marque l'emplacement de ce premier collège acadien.

Pendant plusieurs années, le père Marcel-François Richard est encouragé et soutenu dans son ministère comme dans ses nombreuses entreprises par son évêque, Mgr James Rogers, de Chatham, qui voit en lui un vrai missionnaire. Cependant, les problèmes rencontrés pour garder ouvert le collège de Saint-Louis viennent assombrir les bonnes relations entretenues depuis longtemps entre le père Richard et son évêque.

Après 15 ans de nombreuses réalisations comme curé de la paroisse de Saint-Louis, Mgr Rogers nomme le père Marcel-François Richard curé de la petite mission de Carleton, nommée plus tard Rogersville par le père Richard en l'honneur de son évêque. Dans sa nouvelle paroisse, où il sera curé pendant 30 ans, le père Richard fait des merveilles pour le mieux-être de ses paroissiens, qui sont exploités par les commerçants de bois. Souvent, il se fait **colonisateur** et négocie en leur faveur avec le gouvernement. En retour, ses paroissiens lui manifestent leur reconnaissance et leur attachement. Avec le temps, le père Richard devient le héros des habitants de Rogersville, qui ont une confiance totale en leur dévoué **pasteur**, en son bon jugement, en son esprit d'entreprise, en sa fidélité inébranlable envers sa patrie.

Le père Richard est un curé exceptionnel, un colonisateur averti, mais aussi un **visionnaire**. Conscient des difficultés auxquelles les **colons** de sa paroisse font face chaque jour, et pour les encourager à demeurer sur leurs terres, il entreprend des démarches afin de faire venir de France des **moines** agriculteurs. Les **Trappistes** arrivent à Rogersville en 1902. Ils prient beaucoup, travaillent très fort avec les habitants et construisent de leurs mains leur **monastère** : l'**Abbaye** Notre-Dame du Calvaire.

Quelques années plus tard, les Trappistines arrivent à leur tour à Rogersville, invitées et accueillies par le père Richard. Ce sont des religieuses dont le mode de vie est centré sur la prière, la lecture, le travail manuel, la solitude et le silence. On les appelle des **moniales** parce qu'elles vivent **cloîtrées**, c'est-à-dire entre les murs de leur couvent, n'en sortant que par nécessité. Leur monastère se nomme l'Abbaye Notre-Dame de l'Assomption. Le père Richard est convaincu de l'importance de la prière de ces femmes de foi dans sa paroisse.

À Rogersville, le père Richard dirige la construction d'une première église pour remplacer l'humble lieu de culte où il a célébré sa première messe. Il fait également construire un presbytère, une école où des religieuses vont enseigner et le Monument national Notre-Dame-de-l'Assomption, en l'honneur de la Vierge Marie.

Le père Marcel-François Richard ne manque ni d'idées ni d'initiative, comme en témoignent ses nombreuses réalisations. Courageux, il est déterminé à faire sa part pour sortir le peuple acadien de la misère. On croit qu'il a fondé 14 églises, trois **presbytères**, un couvent et au-delà de 50 écoles. Il a été surnommé le « Père de l'Acadie ».

Engagé sur tous les **fronts**, le père Richard s'implique dans les démarches entreprises auprès du premier ministre du Canada, sir John A. MacDonald, afin de nommer un Acadien au **Sénat**. C'est ainsi que Pascal Poirier, originaire de Shediac, devient le premier **sénateur** acadien. Pascal Poirier travaillera d'arrache-pied à la cause commune, l'épanouissement du peuple acadien, avec le père Richard et l'**élite** acadienne de l'époque.

Au cours de sa vie, le père Richard fait quelques voyages à Rome afin de défendre les intérêts du peuple acadien auprès du **Saint-Siège**. Lors d'un de ces voyages, il rencontre Sa Sainteté le pape Pie X, à qui il demande de nommer un évêque acadien. C'est pour le père Richard une question de justice. Les Acadiens n'ont-ils pas toujours été fidèles à la foi catholique ? Le pape l'écoute attentivement et promet de donner suite à sa requête. En gage d'amitié, le pape lui offre en cadeau un **calice** d'une grande valeur. Ce calice est conservé à la cathédrale de Moncton.

Grâce aux démarches et à la persévérance du père Richard, l'abbé Édouard LeBlanc devient en 1912 le premier évêque acadien, nommé au **diocèse** de Saint-Jean, au Nouveau-Brunswick.

Plus d'un siècle après le Grand Dérangement de 1755, qui a dispersé le peuple acadien aux quatre vents, le père Richard constate que les Acadiens sont toujours pauvres et démunis. Ils habitent d'humbles maisonnettes. Ils luttent sans cesse pour leur survie matérielle. Dans la plupart des cas, ils sont cultivateurs, pêcheurs ou bûcherons. Ce sont des métiers très honorables, mais qui rapportent peu d'argent.

Fidèle à sa double mission de prêtre et de patriote, le père Marcel-François Richard s'intéresse de près à tout ce qui pourrait aider ses **concitoyens** et faire avancer la cause acadienne. Il participe activement à la première grande réunion des Acadiens les 20 et 21 juillet 1881 à Memramcook. Cette grande réunion, appelée la Convention nationale des Acadiens, vise à faire le **bilan** du passé et à jeter les bases d'un avenir plus prometteur pour les Acadiens et les Acadiennes. Les 5 000 **délégués** présents débattent de questions importantes comme l'éducation, l'agriculture, la colonisation, la presse et l'émigration, qui se fait surtout du côté des États-Unis.

Lors de cette première rencontre mémorable, les délégués décident aussi de se choisir une fête nationale distincte de celle des Québécois. Le père Richard **plaide** en faveur du 15 août, fête de Notre-Dame de l'Assomption. Grâce à ses talents d'**orateur**, son **plaidoyer** lui gagne l'appui de la plupart des délégués. Le 16 septembre de la même année, les cinq évêques des Maritimes approuvent officiellement le choix des délégués de la Convention de faire du 15 août la fête **patronale** du peuple acadien.

C'est en 1884, à Miscouche, à l'Île-du-Prince-Édouard, qu'a lieu la deuxième grande réunion des Acadiens. Le père Richard s'y prépare avec beaucoup d'intérêt. À son avis, il est grand temps que les Acadiens aient un drapeau bien à eux, dans lequel ils pourraient se reconnaître comme peuple. Sachant que son opinion pèse lourd dans la balance, le père Richard part pour la Convention avec dans ses bagages un drapeau qu'il a lui-même conçu et qu'il a fait coudre par une de ses paroissiennes de Saint-Louis, Marie Babineau. C'est le drapeau de la France auquel il a ajouté, dans la partie bleue, l'étoile de Marie. Il propose son drapeau aux délégués et, à sa grande joie, sa proposition est acceptée. Le **tricolore étoilé** sera désormais le drapeau national des Acadiens.

Les délégués sont émus. Certains pleurent de joie. Ils réclament un hymne national. Présentant fièrement le nouveau drapeau à la foule, le père Richard entonne l'*Ave Maris Stella*, que les délégués chantent avec enthousiasme. L'*Ave Maris Stella* sera désormais l'**hymne** national des Acadiens et Acadiennes.

Grâce au père Marcel-François Richard, l'Acadie n'a pas seulement sa fête patronale, mais aussi son drapeau et son hymne national. La Vierge Marie a toujours tenu une grande place dans le cœur du père Richard et dans celui du peuple acadien. Il n'est donc pas étonnant qu'elle soit honorée par l'étoile dans le drapeau, par l'hymne national et par le choix du 15 août comme fête patronale.

Âgé de 58 ans, le père Richard se voit élevé à la **dignité** de **prélat domestique** par Sa Sainteté le pape Pie X. Avec cette nomination, il reçoit le titre de monseigneur et peut maintenant porter une ceinture et un manteau violets, la couleur d'un prélat. C'est une récompense qu'il mérite pour avoir servi son Église avec tant de fidélité et de courage.

Après 45 années au service de Dieu, de l'Église et du peuple acadien, Mgr Marcel-François Richard est épuisé et malade. Il meurt à Rogersville à l'âge de 68 ans. On dépose son corps dans un tombeau aux pieds de la statue de Notre-Dame de l'Assomption, au Monument national qu'il a érigé à la patronne de l'Acadie. De lui, les Acadiens et les Acadiennes conservent le souvenir d'un père spirituel, mais aussi d'un colonisateur, d'un visionnaire et d'un très grand patriote. Hommage à sa mémoire !

Glossaire

ABBAYE : n.f. monastère gouverné par un religieux appelé abbé ou par une religieuse appelée abbesse.

ARDOISE (plaque d') : n.f. feuille faite d'une roche de couleur grise sur laquelle, autrefois, on écrivait avec un crayon spécial (crayon d'ardoise). La plaque d'ardoise était encadrée et on effaçait ce qu'on avait écrit à l'aide d'un morceau de tissu. Les plaques d'ardoise ont été remplacées par les feuilles de papier et les crayons d'ardoise, par les crayons à mine.

AVIDE : adj. qui désire très fort quelque chose.

BILAN : n.m. examen qui fait ressortir les points positifs et les points négatifs.

BIOGRAPHIE : n.f. texte qui raconte la vie de quelqu'un.

CALICE : n.m. vase sacré dans lequel le prêtre verse le vin à la messe pour le bénir.

CHEVET (au chevet de quelqu'un) : n.m. auprès de quelqu'un qui est alité.

CLOÎTRÉ : adj. qui vit loin du monde, dans un couvent dont l'accès est interdit par une clôture.

COLLÈGE : n.m. maison d'enseignement pour garçons, dirigée par des religieux. Les élèves y étaient généralement pensionnaires.

COLON : n.m. personne qui s'établit dans un territoire non développé pour le peupler et le cultiver.

COLONISATEUR : n.m. personne qui travaille à la mise en valeur et au peuplement d'un territoire non développé appelé « colonie ».

COMPATRIOTE : n. personne originaire de la même patrie qu'une autre, c'est-à-dire du même pays ou de la même région.

CONCITOYEN : n.m. personne qui vit dans le même pays ou la même ville qu'une autre.

COURS (de l'histoire) : n.m. suite, déroulement.

COUVENT : n.m. maison où habitent des religieuses ou maison d'enseignement pour jeunes filles tenue par des religieuses.

CRÉATIF : adj. qui peut créer quelque chose à partir de rien, grâce à son imagination.

CURÉ : n.m. prêtre à la tête d'une paroisse.

DÉFRICHEUR : n.m. personne qui déboise un terrain pour pouvoir le cultiver.

DÉLÉGUÉ : n.m. personne chargée d'agir au nom de quelqu'un d'autre ou de le représenter.

DÉTERMINÉ : adj. qui est bien décidé à faire quelque chose.

DÉVOUEMENT : n.m. don de soi, générosité, bonté.

DIGNITÉ : n.f. fonction ou charge qui donne à quelqu'un un rang élevé.

DIOCÈSE : n.m. dans l'Église, territoire administré par un évêque ou un archevêque. Un diocèse est formé de plusieurs paroisses.

ÉLITE : n.f. personnes considérées comme les meilleures dans un groupe.

ENVERS ET CONTRE TOUT : loc. malgré tous les obstacles.

EXILER (s') : v. partir à l'extérieur de son pays ou loin de l'endroit où on est né.

FRONT : n.m. sphère ou champ d'activité.

GLOSSAIRE : n.m. recueil de mots qui donne leur explication.

HYMNE : n.m. chant en l'honneur d'un pays ou de ses habitants.

IGNORANCE : n.f. manque d'instruction, de savoir ou de connaissances.

JUBÉ : n.m. dans certaines églises, galerie élevée où on retrouve l'orgue, la chorale et des paroissiens.

MINISTÈRE : n.m. charge ou fonction (d'un prêtre).

MISSION : n.f. territoire qui dépend d'une paroisse et du prêtre de cette paroisse.

MOINE : n.m. religieux qui vit à l'écart du monde avec d'autres religieux.

MONASTÈRE : n.m. couvent où vivent des moines ou des moniales.

MONIALE : n.f. religieuse qui vit dans un cloître.

ORATEUR : n.m. personne qui donne un discours ou qui parle bien en public.

PAROISSE : n.f. territoire sur lequel un curé exerce son ministère.

PASTEUR : n.m. prêtre.

PASTORAL : adj. relatif au pasteur, au prêtre.

PATRIE : n.f. pays où l'on vit ou auquel on est très attaché.

PATRIOTE : n.m. et f. qui aime sa patrie et qui cherche à la servir.

PATRONAL : adj. relatif à un saint patron ou à une sainte patrone (par exemple, fête patronale).

PENSIONNAT : n.m. école privée où les élèves sont logés et nourris.

PERSÉVÉRANCE : n.f. entêtement à continuer ce que l'on a commencé sans s'arrêter ou se décourager.

PIONNIER : n.m. quelqu'un qui fait quelque chose que personne n'a fait avant lui.

PLAIDER : v. défendre une cause ou une idée à l'aide d'arguments.

PLAIDOYER : n.m. discours prononcé pour défendre une cause ou une idée.

PRÉLAT DOMESTIQUE : n.m. prêtre qui a reçu une distinction honorifique du pape.

PRESBYTÈRE : n.m. maison où habitent le curé et son vicaire dans une paroisse.

RECONSTITUER : v. recréer quelque chose comme ça s'est passé.

REVENDICATION : n.f. action de demander quelque chose à laquelle on a droit ou on croit avoir droit.

SACERDOCE : n.m. titre et fonctions de prêtre.

SACERDOTAUX (pluriel de sacerdotal) : adj. qui se rapporte au prêtre (par exemple, un vêtement sacerdotal).

SACREMENT : n.m. acte religieux institué pour augmenter la grâce des âmes (par exemple, le baptème, la confirmation…).

SAINT-SIÈGE : n.m. le gouvernement de l'Église.

SÉMINAIRE : n.m. établissement religieux où les jeunes hommes étudient afin de devenir prêtres.

SÉNAT : n.m. assemblée non élue chargée de représenter les régions au sein du Parlement du Canada.

SÉNATEUR : n.m. membre du Sénat.

TÉNACITÉ : n.f. détermination, persistance, obstination.

TRAPPISTE : n.m. membre d'un groupe particulier de moines qui pratiquent le silence.

TRICOLORE ÉTOILÉ : n.m. nom du drapeau de l'Acadie parce qu'il se compose de trois couleurs et d'une étoile.

VICAIRE : n.m. prêtre qui aide un curé et qui le remplace, à l'occasion, par exemple lorsque celui-ci est malade ou en voyage.

VISIONNAIRE : n.m. et f. personne qui peut imaginer avec exactitude les changements à venir.

QUESTIONS

1. Où est né Marcel-François Richard et en quelle année ?

2. Quel était le nom de son évêque ?

3. Que sais-tu de la déportation des Acadiens ?

4. Quel résultat la déportation a-t-elle eu sur le peuple acadien ?

5. Dans quelles trois provinces Marcel-François a-t-il étudié ?

6. Comment Marcel-François est-il devenu très tôt administrateur de la paroisse de Saint-Louis ?

7. Nomme trois grandes réalisations de Marcel-François Richard.

8. Où Marcel-François a-t-il fait construire sa première église ?

9. Où a eu lieu la première Convention nationale des Acadiens ?

10. Pendant cette grande réunion, de quoi les délégués ont-ils parlé ?

11. Pourquoi le drapeau acadien est-il appelé le tricolore étoilé ?

12. Où a eu lieu la deuxième Convention nationale des Acadiens ?

13. Marcel-François Richard a été curé de deux paroisses. Lesquelles ?

14. Comment le père Richard voyageait-il d'une mission à une autre ?

15. Quelle a été une des grandes déceptions de la vie du père Richard ?

16. Quel genre de maisons les Acadiens habitaient-ils 100 ans après la Déportation ?

17. Quels métiers les Acadiens exerçaient-ils ?

18. À Rogersville, il y a un monument national très important que tu peux visiter. Pourquoi est-il si important ?

19. Marcel-François Richard a fait trois voyages à Rome et a rencontré le pape Pie X. Qu'a-t-il demandé au pape ?

20. Comment se nommait le premier évêque acadien ? Le premier sénateur acadien ?

www.ingramcontent.com/pod-product-compliance
Lightning Source LLC
Chambersburg PA
CBHW070858050426
42453CB00012B/2263